Héctor Iván Ruiz Aguirre

# Capacidad jurídica de las personas con discapacidad psicosocial

Héctor Iván Ruiz Aguirre

# Capacidad jurídica de las personas con discapacidad psicosocial

Editorial Redactum

**Imprint**



Cover image: www.ingimage.com

Publisher:
Éditions universitaires européennes
is a trademark of
International Book Market Service Ltd., member of OmniScriptum Publishing Group
17 Meldrum Street, Beau Bassin 71504, Mauritius

Printed at: see last page
**ISBN: 978-620-2-48502-9**

# Análisis legislativo y jurisprudencial de la antinomia constitucional en materia de capacidad jurídica de las personas con discapacidad mental

Héctor Iván Ruiz Aguirre*

Consejería Jurídica y de Servicios Legales de la Ciudad de México

Ciudad de México, México

probono.mexico@gmail.com

*Es licenciado en Derecho con Máster en Derechos Humanos. Cuenta con diversos diplomados y ha recibido varios premios de ensayo. En 2005 obtuvo el primer lugar en el Certamen de Debate Político del Instituto Mexicano de la Juventud, etapa Distrito Federal. En 2007 y 2008 fue consultor e investigador externo del Consejo Nacional para Prevenir la Discriminación y ha sido asesor del director ejecutivo de Investigaciones Jurídicas del Instituto de las Personas con Discapacidad de la Ciudad de México.

**Resumen**

El presente artículo partirá del recuento y discusión crítica sobre siete de los ordenamientos jurídicos más relevantes a nivel federal y local de la Ciudad de México, relativos a los derechos de las personas con discapacidad mental o psicosocial, a la luz del artículo 12 de la Convención sobre los Derechos de las Personas con Discapacidad. También expondrá el texto más rico que se pudo extraer de los criterios sostenidos en 10 tesis de la Suprema Corte de Justicia de la Nación.

Es de recalcar que las referencias a los *incapaces* y a la *invalidez* presentes en nuestra ley de leyes, tiene una honda resonancia en el sistema jurídico, ya que las expresiones resultantes (*los incapacitados* y *los inválidos*) resultan ajenas al nuevo modelo social y de derechos humanos que ha receptado la misma Constitución.

Por ello, mientras no se reforme la Constitución Política, en la parte que prevé a los *incapaces*–regulando excepciones procesales en el amparo–, o la *invalidez*–previéndola como una figura del sistema de seguridad social–, cualquier norma que emane directa o indirectamente de ella podría asumirse aparentemente justificada en la impropia gramática constitucional antes referida.

*Palabras clave*: discapacidad, mental, psicosocial, constitución, antinomia.

**Abstract**

The present article will start from the count and critical discussion about the most relevant legal system at federal and local levels of Mexico City, concerning the rights of people with mental or phychosocial disabilities, thought article 12 of the Convention on the Rights of Persons with Disabilities. Will also be exposed the richest text that could be extracted from the criteria sustained in ten theses of the Supreme Court of the Nation.

It should be emphasized that the references to the "incapable" and " disability" presented in our Law of Laws, has a deep resonance in the legal system, given the resulting expressions ("disabled" and "invalid") is foreign to the new social and human rights model that has received the own Constitution.

Therefore, until the political constitution is reformed, in regards to the part that provides for the "incapable" (regulating procedural exceptions in the legal protection "amparo") or "disability" (anticipating it like a figure in the social security system), any rule emanating directly or indirectly from it could be assumed apparently to be justified in the improper constitutional grammar mentioned previously.

*Keywords*: disability, mental, psychosocial, constitution, antimony.

**Sumario**

I.Introducción; II. Desarrollo del tema; III.Conclusiones; IV. Bibliografía.

## I.Introducción

En este artículo se tiene presente que los derechos humanos participan de la posición de supremacía, en relación con el numeral 1° de la Carta Magna, que proscribe la discriminación en todos los órdenes de gobierno, de lo cual deriva que no sean disponibles en su núcleo esencial para los poderes constituidos.[1]

En el umbral de dicha indisponibilidad presentamos un diagnóstico que iniciará explorando el grado de consideración de las personas con discapacidad mental o psicosocial, desde el punto de vista de las previsiones presentes en las normas vigentes aplicables en esta materia.

Establecida la ruta anterior, el siguiente peldaño por superar ha sido el diseño de un método complementario a la exploración legislativa, que permita articular a las normas legales con su interpretación en sedes jurisdiccionales, respaldando las conclusiones finales en cada *argumentum facti*[2] sobre los principales *retos*que presenta el "igual reconocimiento como persona ante la ley"[3] de las personas con discapacidad mental o psicosocial.

Esta búsqueda de un argumento *realista* que supere el mero diagnóstico sobre el *deber ser* contenido en las normas de cualquier jerarquía, nos permite citar a Miguel Carbonell cuando expuso sobre estos temas una aguda crítica a la realidad nacional, con estas palabras: "en México en particular, no basta con conocer las normas jurídicas para poder obtener rendimientos prácticos."[4]

Este ensayo de investigación, en su modalidad de artículo, busca lograr esos *rendimientos prácticos*, es decir, no realizará únicamente un análisis legislativo –básicamente estático– sino uno dinámico que verse sobre las distintas decisiones jurisprudenciales y algunos de los tópicos más relevantes vinculados con los aspectos centrales y satelitales del estado de interdicción, a la luz de la Convención sobre los Derechos de las Personas con Discapacidad (CDPD) y de la propia Constitución Política de los Estados Unidos Mexicanos.

Miguel Carbonell fortalece la necesidad de esta clase de argumentación diacrítica, con este agudo pronunciamiento: "Junto con los textos normativos se requiere la generación de interpretaciones garantistas que las hagan valer frente a, y a veces en contra de, los órganos públicos".[5]

El *quid* del método elegido en este ensayo es el mencionado *hacer valer* a que se refiere el investigador citado, pues la realidad del Estado de derecho está en su eficacia para utilizar la *lexgladius* que el supremo poder constituyente y los poderes legislativos constituidos le han entregado a las y los impartidores de justicia (*iudex auxiliaris themis*), para proteger a todas las personas frente a los abusos o desvíos de quienes no están en situación de vulnerabilidad.

Concluyendo su postura al tenor de lo expresado, Miguel Carbonell remarcó con esta afirmación que viene a validar nuestro método de documentación aplicada: "La batalla importante que hay que dar [...] es la de la interpretación constitucionalmente adecuada. Dicha interpretación será la que nos permita trasladar los mandatos más o menos ambiguos de las normas jurídicas hasta nuestra realidad cotidiana".[6]

El presente estudio ha encontrado que la metodología adecuada para responder a esta perspectiva del prominente investigador en cita, es la denominada *investigación jurisprudencial.* Este método especializado cuenta incluso con un interesante Manual para su ejecución profesional, elaborado por José Ramón

Narváez,[7]del Instituto de Investigaciones Jurisprudenciales y de Difusión de la Ética Judicial de la Suprema Corte de Justicia de la Nación (SCJN).

Adoptando este sistema eficiente de recolección de datos, el presente material partirá del recuento y discusión crítica sobre los ordenamientos jurídicos más relevantes a nivel federal y local de la Ciudad de México, relativos a los derechos de las personas con discapacidad mental o psicosocial, a la luz de la CDPD, reflejada en dos conceptos que las discriminan de *jure* y de *facto,*[8] y de forma selectiva, también expondrá el texto más rico que se pueda extraer de los criterios sostenidos por el Poder Judicial de la Federación, ya sea en su vertiente de *ratio decidendi*[9] u *óbiter dicta*[10] de cada tesis ubicada en el sistema IUS de la Suprema Corte.

Es pertinente señalar que el autor de este proceso de investigación ecléctica ha realizado el esfuerzo de seleccionar de entre más de un millar de resultados en el sistema IUS, los concernientes al *juicio de interdicción* y/o el *estado de interdicción*, y de manera complementaria ha elegido algunas tesis que versan sobre la *incapacidad* y sobre la *locura*, para darle mayor especificidad al tema de la discapacidad mental o psicosocial.

También es cierto que dichos criterios jurisprudenciales se han mantenido al máximo de lo posible, dentro de su contexto jurídico y/o marco explicativo, sin embargo, también se ha logrado debatir aspectos subyacentes con ocasión de invitar a la comprensión de otros tópicos que no pueden ser reducidos a simples epifenómenos de la salud mental.[11]

## II.Desarrollo del tema

En nuestro país, la legislación nacional más relevante que puede esgrimirse ante los tribunales, organismos constitucionales autónomos y demás entidades y dependencias públicas, principalmente para la defensa de casos relacionados con las personas con discapacidad mental o psicosocial, es la siguiente:

*1. Constitución General o Política de los Estados Unidos Mexicanos*, (la que puede ser considerada elemental desde su artículo primero, que prohíbe la discriminación por motivos de discapacidad u otras categorías sospechosas, o bien, que tratándose de los tópicos pendientes relacionados con la discapacidad mental o psicosocial, es de resaltar que aún se encuentran reguladas en forma no convencional expresiones tales como *los incapaces*, en su artículo 107 y *la invalidez*, en su artículo 123, configurándose las primeras dos antinomias principales de esta investigación).

La primera expresión debe dar lugar a debatir sobre las expresiones que podrían llegar a sustituir aquéllas que se consideran anacrónicas o discriminatorias, pues hasta el momento son más los actores que piden su simple eliminación que aquéllos que proponen opciones para su eventual sustitución o superación. Sabemos que la sociedad y la comunidad especializada ha venido buscando homologar la expresión *personas con discapacidad* en lugar de *incapaces* o *inválidos* (por usar los ejemplos encontrados en nuestra ley fundamental), pero la verdad es que el asunto es más complejo que cambiar palabras por otras, políticamente correctas, ya que también se trata de instituciones jurídicas de grueso andamiaje e histórica raigambre. En el primer caso, para dejar de expresarnos sobre una persona con discapacidad mental o psicosocial como un *incapaz*, hay que buscar el fundamento constitucional del término, y lo vamos a encontrar, como ya lo señalamos, en la misma Carta Magna (artículo 107). Esto significa que reformar los códigos civiles de la Ciudad de México y de las demás entidades federativas es una medida legislativa que puede lograrse en forma simultánea con la misma operación en la Ley Suprema, por ser la norma fundante de la que derivan todas las demás y por la jurisprudencia reciente sobre la aplicación de las normas de derechos humanos contenidas en los tratados internacionales y en la misma Constitución.[12] Nuestra propuesta en este punto, podría beneficiar a las personas con discapacidad mental, ya que sobre ellas recae injusta y mayoritariamente[13] la figura jurídica del derecho civil denominada *incapacidad.*

En lugar de dicha figura, podría partirse de una paráfrasis practicada a la Convención sobre los Derechos de las Personas con Discapacidad, misma que al contemplar sustancialmente los términos *apoyo* y *salvaguardias* dentro del reconocido artículo 12 que versa sobre la capacidad jurídica, permitiría proponer que en lugar de *incapaces*, puedan estudiarse las siguientes alternativas para ser adicionadas al texto constitucional del artículo 107:

*a)*Personas en situación de apoyo para la toma de decisiones;
*b)*Personas en estado de salvaguardias legales/jurisdiccionales;
*c)*Personas que requieren el modelo civil asistencial, o
*d)*Personas con salvaguardias estatales.

Sabemos que estas propuestas pueden generar debate crítico, y ese es un requisito de los artículos en concurso, pero cualquiera de ellas resulta más acorde con el modelo social del tratado internacional que regula la materia de la capacidad jurídica de las personas con discapacidad mental o psicosocial. Además, si logramos que la propia Carta Magna prevea esa denominación, se daría una especie de rango constitucional reflejo a los modelos de sistema de apoyo para la toma de decisiones, cuyos proyectos cada vez más avanzados buscan regular la nueva concepción de la capacidad jurídica plena e ilimitada para todas las personas con discapacidad.

Además, la técnica constitucional sugiere un mecanismo de reforma consistente, en el que primero se debería modificar la Constitución y luego se podrían derogar instituciones jurídicas –como el juicio de interdicción– para abrir paso a otras más actuales con el nuevo modelo social y de derechos humanos de las personas con discapacidad. Este punto parece no estar contemplado en las discusiones actuales sobre el eventual modelo de apoyo en la toma de decisiones, ya que lo previsto es producir cambios en la normatividad civilista, sin haber hecho reparo en este trascendental punto de inflexión constitucional (antinomias propiamente).

Por otro lado, es importante hacer mención que, hasta el momento, no existe autor que haya puesto de relieve que *el reconocimiento de la personalidad jurídica* está prevista en el texto constitucional (artículo 29), como una categoría de los derechos humanos que no pueden restringirse ni suspenderse en los casos de invasión, perturbación grave de la paz pública, o de cualquier otro que ponga a la sociedad en grave peligro o conflicto. Por lo tanto, aplicando el derecho constitucional con perspectiva de discapacidad, si tales situaciones extremas o catastróficas no pueden afectar el derecho a la personalidad que tienen todos los mexicanos, debería plantearse la inconstitucionalidad del estado de interdicción con base en la misma Constitución de la república (y el espíritu del Constituyente presente en dicho numeral) y no solamente con base en la CDPD y su artículo 12.

También es cierto que son comunes las voces que se levantan contra la expresión *inválidos*, que se encuentra en el artículo 123 como una institución jurídica médico-laboral preeminente. Es frecuente la petición de llamarles *personas con discapacidad*, en lugar de *inválidos* o *inválida*s, pero no vemos iniciativas que busquen desaparecer la situación de *invalidez* como categoría certificada por la medicina del trabajo delInstituto Mexicano del Seguro Socialo del Instituto de Seguridad y Servicios Sociales de los Trabajadores del Estado.[14] Es decir, los peritos que emiten los respectivos *dictámenes de invalidez* podrían seguir llamándole así mientras la Constitución y las leyes sigan acogiendo tales conceptos heredados del modelo médico o sanitario.

Para seguir la misma ruta que usamos al discurrir sobre el concepto de *incapacidad*, ahora que estamos frente al concepto de *invalidez*, y en aras de presentar un trabajo que recoja propuestas de la comunidad especializada o de la arena jurisdiccional, en este artículo pensamos que algunas opciones ya conocidas para sustituir esta figura jurídica del derecho de la seguridad social son las siguientes:

*a)*Discapacidad/seguro/pensión de discapacidad;
*b)*Diversidad funcional/seguro/pensión de diversidad funcional, o
*c)*Déficit funcional/seguro/pensión por déficit funcional

Estas propuestas aparecen en el orden el que se pueden preferir, toda vez que resulta más económico en el lenguaje referirse, por ejemplo, al *seguro de discapacidad* (en lugar del *seguro de invalidez*) o la *pensión por discapacidad* (en lugar de la *pensión por invalidez*), que otras posibles combinaciones con las expresiones compuestas de los incisos *b* y *c* que alargan innecesariamente la nomenclatura técnica.

*2. Ley General para la Inclusión de las Personas con Discapacidad*

Debido a su contexto reciente, esta ley no utiliza las expresiones *invalidez* ni *inválido* o *inválida*. Tampoco lo hace con las voces *incapaz* o *incapacitado* o *incapacitada* cuyas alusiones en el texto constitucional ya están repasadas.

Podemos ver también que la palabra *mental*, para los efectos de la categoría en que se inscribió este ensayo, la tenemos presente en las definiciones que aporta el artículo 2° de este ordenamiento, entre las cuales se puede destacar a la definición de *personas con discapacidad*, en cuyo texto se conciben deficiencias de cuatro tipos, entre ellas, la *mental*.

La expresión *psicosocial*[15] tampoco está presente, de modo que al observar sus capítulos y contenidos principales, podemos afirmar que se trata de una ley especializada en el tema de la discapacidad, en la que la palabra que más se repite en su cuerpo legal es la *inclusión*con respecto a todos y cada uno de los derechos en ella reconocidos de forma enunciativa y no limitativa.

En una apreciación crítica para la materia que nos interesa en esta investigación focal, podemos advertir que el artículo 2°, fracción IV,que define a las *ayudas técnicas*, no tuvo a bien contemplar a las deficiencias *mentales*, pues es desconocido para la mayoría de las legislaturas del país, e incluso para sus asesores letrados, que las personas con discapacidad mental o psicosocial también pueden requerir de este tipo de ayudas o dispositivos (por ejemplo, los pastilleros dotados de varias alarmas programables a lo largo del día y que cuentan además con diversos compartimentos para organizar la dotación diaria, semanal o mensual que requieren para su recuperación y rehabilitación, las personas con cualquier diagnóstico psiquiátrico o discapacidad psicosocial).

*3. Ley para la Integración al Desarrollo de las Personas con Discapacidad del Distrito Federal*

Esta ley representa, igual que la ley anterior, un ejemplo claro de la poca atención real que existe para las personas con discapacidad mental o psicosocial. Naturalmente no vamos a encontrar en esta ley conceptos desusados en el tema de la discapacidad, pues es de cuño reciente. sin embargo, sí podemos demostrar que esta ley local ni siquiera contempló a las personas con discapacidad mental dentro de su definición de *personas con discapacidad* contenida en el artículo 4°, fracción XIII,y hasta la fecha, no sabemos de alguna iniciativa de Ley para adicionar (y corregir) esta grave omisión.[16]

Es importante señalar que la CDPDcuenta con una enumeración muy clara de los diferentes tipos de discapacidad, por lo que muy probablemente, estamos frente a una confusión legislativa respecto a lo que debe entenderse y lo que no debe entenderse como discapacidad intelectual. De hecho, la ley que regula esta misma materia en el Estado de México define a la discapacidad *mental* como lo debería hacer con la discapacidad *intelectual*, de modo que no se trataría de la primera legislatura que practica un tratamiento confuso de ambas discapacidades. De hecho, líneas arriba, en este mismo ensayo hemos dado la referencia de un artículo extranjero editado por la Facultad de Medicina de la Universidad de Chile y la Organización Panamericana de la Salud[17] que pugna por la división de la discapacidad mental en *intelectual* y en *psíquica*, contrariando a la misma Convención sobre los Derechos de las Personas con Discapacidad.

*4. Ley de Salud Mental del Distrito Federal*

Se trata de una Ley cuyo artículo 1°, fracción I, dispone que su objeto estará orientado a los derechos humanos y a la perspectiva de género. No obstante, a pesar de que fue publicada en el año 2011 y por ello es una de las más recientes en estudio, resulta que en ninguna parte de su texto utiliza la expresión compuesta y más recientemente acogida de *discapacidad psicosocial*, por lo que no alcanza a superar la prevalencia del modelo médico.

Muy sobresaliente es el hecho de que en su artículo 6º, fracción VI, se contempla inapropiadamente la figura del *incapaz*, aun tratándose de un acto legislativo coetáneo a la reforma constitucional en materia de derechos humanos.

Ya se dijo que la *incapacidad* lo mismo está prevista como una institución anacrónica del Derecho civil, lo mismo se regula como una figura del Derecho de la seguridad social, en la que se involucra la medicina del trabajo.

Por ello, mientras no se reforme la Constitución Política, en la parte que prevé la terminología de *incapaces* (regulando excepciones procesales en el amparo), cualquier norma que emane directa o indirectamente de ella podría asumirse aparentemente justificada en la impropia gramática constitucional, razón por la cual se propone impulsar la reforma concerniente, para superar la antinomia ya precisada.

*5. Código Civil del Distrito Federal*

Este Código contiene una previsión que debería esgrimirse con mayor frecuencia, y que resalta por su correspondencia con la perspectiva de género, pues el artículo 2° de este importante ordenamiento reconoce la capacidad jurídica como igual para el hombre y para la mujer y acto seguido prohíbe la negación de cualquier derecho por razón de discapacidad o estado de salud. En estos términos, el artículo en cita nos obsequia una nueva antinomia, a nivel del Código Civil, ya que su artículo 23 señala que las y los *incapaces*[18] pueden ejercitar sus derechos o contraer sus obligaciones *por medio* de sus *representantes*, lo que viene a discriminar a las personas con discapacidad mental, por razón de su *discapacidad* (psicosocial) o por *enfermedad* (mental), y eso es precisamente lo que prohíbe este cuerpo normativo. Por lo tanto, necesitamos juezas y jueces que invoquen este principio de igualdad y profesionales del derecho que lo argumenten en juicio, con mayor frecuencia y contundencia.

*6. Código Penal para el Distrito Federal*

Los artículos 42 y 326, fracciónIII, prevén las figuras de *incapacidad*. No regula la figura de la *invalidez*, pero sí establece la institución de la *inimputabilidad*, referida a las personas con *trastornos mentales* (discapacidad mental o psicosocial) o con *desarrollo intelectual retardado* (expresión difusa que tiene un vector conceptual principal hacia la discapacidad intelectual).

Esta figura no se profundiza, por estar proyectada en el campo del proceso penal y debido a que en esta materia se han venido especializando importantes asociaciones civiles, con estudios de caso y entrevistas a personal judicial y penitenciario.

*7. Ley para Prevenir y Erradicar la Discriminación en el Distrito Federal*

Esta ley local prohíbe la discriminación por motivos de discapacidad y de hecho, contiene la expresión *salud mental* en su artículo 31, fracciónIX, lo que la coloca como una norma funcional con el tema que nos ocupa, aunque con un alcance expreso de tipo médico-asistencial.

Hasta aquí, la exploración legislativa, ya que una vez dadas las reglas que marcan un determinado límite a la extensión de nuestro reporte, basta señalar que las normas que fueron estudiadas son las que, desde una perspectiva de discapacidad, más se acercan a nuestro objetivo de estudio previamente delimitado.

En esta tesitura, recordemos lo antes dicho: que para la obtención de conclusiones útiles, éstas deben permitir el paso a una operación de rastreo de la realidad jurisdiccional (los casos que se han ventilado en los tribunales de la federación y que han venido interpretando a la legislación civil), tomando en cuenta cada rubro, segmento, temática específica o expresión literal que se desprende de la metodología elegida.

La expresión *discapacidad*, para partir de esta noción básica, tiene 79 casos jurisdiccionales solucionados y presentes en el sistema IUS de la Suprema Corte, mismos que se gestaron con las últimas reformas constitucionales en materia de derechos humanos, y que se refieren a la CDPD y al principio de no discriminación, de una forma relevante y unívoca.

Este caso resuelto por el máximo garante de la Constitución y cabeza del Poder Judicial de la Federación contiene una interpretación jurídica –histórica, teleológica y funcional– de la concepción jurisdiccional de *discapacidad*, que ilustra plenamente la responsabilidad social que tenemos todos para rediseñar las instituciones que inciden en la vida de las personas con discapacidad.

La concepción jurídica sobre la discapacidad ha ido modificándose con el devenir de los años: en principio existía el modelo de *prescindencia* en el que las causas de la discapacidad se relacionaban con motivos religiosos, el cual fue sustituido por un esquema denominado *rehabilitador*, *individual* o *médico*, en el cual el fin era normalizar a la persona a partir de la desaparición u ocultamiento de la deficiencia que tenía, mismo que fue superado por el denominado modelo *social*, el cual propugna que la causa que genera una discapacidad es el contexto en que se desenvuelve la persona. Por lo tanto, las limitaciones a las que se ven sometidas las personas con discapacidad son producidas por las deficiencias de la sociedad de prestar servicios apropiados, que aseguren que las necesidades de las personas con discapacidad sean tomadas en consideración. Dicho modelo social fue incorporado en nuestro país al haberse adoptado la CDPD de 2006, misma que contiene y desarrolla los principios de tal modelo, los cuales en consecuencia gozan de fuerza normativa en nuestro ordenamiento jurídico. Así, a la luz de dicho modelo, la discapacidad debe ser considerada como una desventaja causada por las barreras que la organización social genera, al no atender de manera adecuada las necesidades de las personas con diversidades funcionales, por lo que puede concluirse que las discapacidades no son enfermedades. Tal postura es congruente con la promoción, protección y aseguramiento del goce pleno y en condiciones de igualdad de todos los derechos fundamentales de las personas con discapacidad, lo que ha provocado la creación de ajustes razonables, los cuales son medidas paliativas que introducen elementos diferenciadores, esto es, propician la implementación de medidas de naturaleza positiva –que involucran un actuar y no sólo una abstención de discriminar– que atenúan las desigualdades.[19]

Como puede verse, la discapacidad presenta una evolución histórica definida por modelos conceptuales bien diferenciados y que dada esa misma evolución, debemos responder con esfuerzos mayúsculos desde cada trinchera posible, para compensar las inminentes desventajas del pasado, que todavía se hacen presentes[20] y para ello, la principal batalla que puede perseguirse es una interpretación adecuada (*videsupra*).

Ahora bien, sería imposible decantar todas las tesis en las que la palabra *discapacidad* está presente, además, ellas tratan sobre los diferentes tipos de discapacidad y de acuerdo con las regulaciones de esta investigación, debemos perfilarnos hacia una discapacidad en concreto.

Por ende, hemos elegido las que pueden relacionarse de manera apropiada con el hallazgo más relevante de este trabajo, con respecto a los conceptos anacrónicos que están presentes en la Constitución y que deben ser removidos por presión social y acogida del Constituyente permanente, antes o simultáneamente con los proyectos relativos al modelo de apoyo para la toma de decisiones.

En este sentido, es de recalcar que las referencias a los *incapaces* y a la *invalidez* presentes en nuestra ley de leyes, tiene una honda resonancia en el sistema jurídico, ya que a partir de esas expresiones, se coligen otras de tipo discriminatorio, tales como "los incapacitados" y "los inválidos", las cuales resultan ajenas al nuevo modelo social y de derechos humanos que ha receptado la misma Constitución.

Para ilustrar esta selección de criterios jurisdiccionales,[21] se ha procedido a resaltar en ellos la materia de cada comentario, respetando su contexto y estructuración, del siguiente modo:

> ADOPCIÓN. CRITERIOS PARA EVALUAR EL CONSENTIMIENTO DE LOS PADRES CUANDO ÉSTOS SEAN PERSONAS CON DISCAPACIDAD[22]
>
> Conforme al modelo social de asistencia en la toma de decisiones desarrollado por esta Primera Sala en el amparo en revisión 159/2013, la discapacidad no es producto de las diferencias del individuo, sino de las barreras sociales que limitan su posibilidad de participar e interactuar en el medio en igualdad de circunstancias. El modelo social de la discapacidad tiene como punto de partida que se debe proteger y garantizar la libre elección de la persona, fomentando el ejercicio de su libre autodeterminación conforme al grado de diversidad funcional que posea. En este orden de ideas, el modelo social también se refleja en procedimientos de adopción. Lo anterior indudablemente comporta un deber para el juzgador de promover y respetar la autonomía de la voluntad de las personas con discapacidad

cuando se requiera su consentimiento para la adopción. En efecto, cuando quien deba consentir la adopción es una persona con discapacidad declarada judicialmente, el juez no puede soslayar la posibilidad de que manifieste su voluntad; por el contrario, debe evaluar cuidadosamente si ha expresado sus intenciones por sí misma en algún sentido, partiendo de que esta manifestación es susceptible de surtir efectos jurídicos.

Como se observa, esta tesis es de una claridad sobresaliente. En primer lugar, deja claro que la Primera Sala de la Suprema Corte de Justicia de la Nación ha "desarrollado"[23] en un estadio judicial, el modelo social de "asistencia en la toma de decisiones". Esta anotación permite apoyar nuestra causa en este proceso de documentación, pues resalta el papel que tienen los jueces del país para colmar lagunas y para darnos la *interpretación adecuada* (*Ver más arriba*). Así mismo, aclara la situación actual, de que los "sistemas de apoyo para la toma de decisiones" todavía son un proyecto, en la sociedad y en el seno de las instituciones protectoras de los derechos humanos en general y de las personas con discapacidad, en lo particular.

También se destaca que esta tesis articula la nueva percepción social de la discapacidad con la *libre elección* y la *libre autodeterminación* como parte de la promoción y respeto de la autonomía de la voluntad de las personas con discapacidad, a las cuales se les reconoce plenamente la capacidad para expresar su voluntad en temas de adopción y para decidirla en un sentido o en otro, surtiendo esa voluntad expresada todos los *efectos jurídicos*.

En el mismo sentido, la misma Primera Sala de la SCJNabordó la toma de decisiones asistidas como parte del "igual reconocimiento de las personas con discapacidad ante la Ley", para que ellas puedan ejercer "plenamente su capacidad jurídica", en los siguientes términos:

PERSONAS CON DISCAPACIDAD. EL MODELO SOCIAL DE ASISTENCIA EN LA TOMA DE DECISIONES ENTRAÑA EL PLENO RESPETO A SUS DERECHOS, VOLUNTAD Y PREFERENCIAS[24]

De la interpretación sistemática y funcional de los artículos 1o. de la Constitución Política de los Estados Unidos Mexicanos y 1 y 12 de la Convención Americana sobre Derechos Humanos, se deriva el igual reconocimiento de las personas con discapacidad ante la ley y la obligación del Estado para adoptar las medidas pertinentes para que puedan ejercer plenamente su capacidad jurídica. En ese contexto, en el sistema de apoyo en la toma de decisiones basado en un enfoque de derechos humanos, propio del modelo social, la toma de decisiones asistidas se traduce en que la persona con discapacidad no debe ser privada de su capacidad de ejercicio por otra persona que sustituya su voluntad, sino que simplemente es asistida para adoptar decisiones en diversos ámbitos, como cualquier otra persona, pues este modelo contempla en todo momento la voluntad y preferencias de la persona con discapacidad, sin restringir su facultad de adoptar decisiones legales por sí mismas [...].

Resalta la prohibición que hace la Corte en el sentido de que no se debe *privar* de su capacidad de ejercicio a las personas con discapacidad, de que otra persona no puede sustituir su voluntad y de que *simplemente* debe *asistirla* para adoptar sus *propias decisiones legales.*

Esto lo hace y lo debe hacer una persona con discapacidad mental o psicosocial *como cualquier otra persona*, de manera que no debería hablarse ya de *incapaces* ni de *inválidos* o *disminuidos.*

En lo que prosigue, puede verse que en el mismo marco de la prohibición general de la sustitución de la voluntad de las personas con discapacidad, se ha ventilado el problema jurídico de resolver lo que procede cuando se tenga la impresión de que resulta imposible *determinar la voluntad* de una persona con discapacidad, en la siguiente forma:

> PERSONAS CON DISCAPACIDAD. APLICACIÓN DEL PRINCIPIO DE MEJOR INTERPRETACIÓN POSIBLE DE SU VOLUNTAD Y SUS PREFERENCIAS (INTERPRETACIÓN DE LOS ARTÍCULOS 1 Y 12 DE LA CONVENCIÓN AMERICANA SOBRE DERECHOS HUMANOS)[25]
> De la interpretación sistemática y funcional de los artículos citados deriva que su objetivo principal es garantizar el respeto de los derechos, la voluntad y las preferencias de las personas con discapacidad. En ese sentido, cuando pese a realizarse un esfuerzo considerable fuere imposible determinar la voluntad y las preferencias de la persona, la determinación del denominado "interés superior" debe sustituirse por la "mejor interpretación posible de la voluntad y las preferencias", ya que bajo este paradigma se respetan su autonomía y libertad personal y, en general, todos sus derechos en igualdad de condiciones que los demás. Así, cuando la persona con discapacidad hubiese manifestado de algún modo su voluntad, acorde con el paradigma de la mejor interpretación posible, habría que establecer y respetar los mecanismos necesarios para que esa manifestación no sufra detrimento o sea sustituida.

Como puede verse, esta tesis presenta dentro de su plausible conclusión, una expresión contradictoria en sí misma. En otras palabras, si "pese a realizarse un esfuerzo considerable fuere imposible determinar la voluntad y preferencias de la persona", y esa misma tesis menciona que: la determinación del denominado interés superior debe sustituirse por la "mejor interpretación posible de la voluntad", pues entonces, se viola el principio lógico de no contradicción, ya que una cosa no puede ser posible e imposible a la vez.

Superada esta observación crítica, es de resaltar que al concluirse en términos prácticos que el interés superior será protegido y garantizado con la "mejor interpretación posible de la voluntad" de la persona con discapacidad, pues vemos en esta interpretación un criterio favorable para las personas con discapacidad mental o psicosocial, ya que se estaría superando la creencia de que una persona considerada paciente con brote psicótico, no podría expresar su voluntad, dada la aparente desconexión de la realidad y los frecuentes delirios y/o alucinaciones que la acompañan generalmente. Contrarios a ese prejuicio, en este trabajo afirmamos con total seguridad que una persona que presenta una enfermedad mental en términos de la CIE o Clasificación Internacional de las Enfermedades, puede expresar válidamente su voluntad, aun previamente a su medicación en casa o su control familiar u hospitalario. Así pues, esta interpretación jurisdiccional contribuye a negar y combatir el *desechamiento* o la *desestimación* de lo expresado por una persona con discapacidad mental o psicosocial por considerarse en forma fatalista una especie de *incoherencia* manifiesta.[26]

Por su parte, la siguiente tesis nos refiere que en el modelo asistencial para la toma de decisiones, no cabe la influencia indebida, por lo que está proscrito el argumento de superioridad intelectual o de supuesta sabiduría en la toma de decisiones.

Veamos el criterio judicial:

> PERSONAS CON DISCAPACIDAD. PARA EVITAR QUE SUS TUTORES EJERZAN UNA INFLUENCIA INDEBIDA AL PRESTAR ASISTENCIA EN LA TOMA DE DECISIONES, ES NECESARIO QUE LAS SALVAGUARDIAS INCLUYAN TAMBIÉN LA PROTECCIÓN CONTRA AQUÉLLOS[27]
>
> De la interpretación sistemática y funcional de los artículos 1 y 12, párrafo cuarto, de la Convención Americana sobre Derechos Humanos, deriva que el Estado debe proporcionar las salvaguardias adecuadas y efectivas para impedir la influencia indebida, entre otras situaciones, que vulneran el pleno ejercicio de la capacidad jurídica de las personas con discapacidad. Ahora bien, aunque toda persona puede ser objeto de influencia indebida, este riesgo puede incrementarse en el caso de aquellas con discapacidad que dependen del apoyo de otras para tomar decisiones; sin embargo, en el modelo de asistencia en la toma de decisiones es de especial relevancia que quienes ejercen la tutela sobre personas con discapacidad sean especialmente cuidadosos en respetar la voluntad y las preferencias de éstas. En este sentido, es inadmisible que adopten decisiones sustituyendo

> la voluntad de la persona con discapacidad en aras de buscar un mayor beneficio para ésta, ya que no es un modelo basado en la sabiduría para la adopción de la decisión, sino en la libertad de las personas para realizarlas y asumirlas y, por ende, este modo de actuar constituye una vulneración de los derechos de la persona con discapacidad, por lo que para garantizar el respeto de sus decisiones se requiere que las salvaguardias incluyan también la protección contra la influencia indebida de los tutores.

Estamos nuevamente frente a un nuevo argumento a favor de la capacidad jurídica de las personas con discapacidad mental o psicosocial, ya que con las salvaguardias adecuadas, que deben ser exploradas por los expertos del área de la psiquiatría y la psicología, se puede lograr conocer la voluntad de una persona con discapacidad, en aspectos relacionados con su salud, educación, trabajo, familia, etcétera.

Esto significa que resulta enteramente posible lograr que una persona, por ejemplo, con esquizofrenia paranoide o cualquier otro cuadro psiquiátrico grave, reconozca un patrón de ideas delirantes e incluso que acepte que tal o cual visión es en verdad una alucinación. Si la persona atendida lo sabe, y reconoce que puede estar siendo perseguida, pero también que puede no estar sujeta a persecución alguna, entonces, se logra acercarla a la vivencia de una situación regular, en la que una determinada idea puede o no ser cierta, y por lo tanto, con la debida asistencia de quien tiene la convicción de que no hay actividad persecutoria de nadie ni por nada, ésta última la aconseje de tomar una decisión razonada, incluso antes de aceptar cualquier medicación o de que ésta surta efectos farmacocinéticos.

Como puede verse, estamos planteando un caso de psicosis con sintomatología florida, para proponer que incluso en ese tipo de eventos y con ese grado de *alienación*, el tutor o la tutora puede *asistir* y no pretender *sustituir* a una persona con discapacidad mental o psicosocial y claro, con las debidas salvaguardias estatales y sociales, respetar la capacidad jurídica de toda persona con discapacidad mental.

La siguiente es una tesis bastante polémica y difundida, ya que un par de años atrás, la Corte vino a resolver de forma controversial un caso relacionado con el estado de interdicción y lo que ella expresó respecto a la posibilidad de que "la asistencia en la toma de decisiones no resulte suficiente" por una eventual "falta de autonomía mental severa".

Veamos la materia del asunto:

> ESTADO DE INTERDICCIÓN. ACORDE AL MODELO DE ASISTENCIA EN LA TOMA DE DECISIONES, LA PERSONA CON DISCAPACIDAD EXTERNARÁ SU VOLUNTAD, MISMA QUE SERÁ RESPETADA Y ACATADA[28]
>
> A juicio de esta Primera Sala de la Suprema Corte de Justicia de la Nación, acorde al modelo social de discapacidad consagrado en la Convención sobre los Derechos de las Personas con Discapacidad, la determinación judicial que limite la capacidad jurídica deberá tomar en consideración la primacía de la autodeterminación libre de la persona, pues de lo contrario nos encontraríamos frente a un esquema de "sustitución en la toma de decisiones", lo cual no sería adecuado en términos del instrumento internacional antes citado. Así, no debe confundirse el principio de mayor protección de la persona con discapacidad en aras de su mayor interés, con la prohibición de que la misma decida qué es lo que le beneficia, situación que redunda de forma directa en el desarrollo libre de la personalidad, así como en el fomento de una vida autónoma y de una identidad propia, sin que deba restringirse la capacidad jurídica de una persona solamente porque la misma ha tomado una opción que la generalidad de la sociedad pudiese considerar o calificar como "no acertada". Por tanto, mediante la adopción del modelo de "asistencia en la toma de decisiones", la persona no debe renunciar al derecho a tomar sus propias decisiones, respetándose así su libertad de elección, ello mediante la asistencia en la toma de las mismas. Es decir, mediante dicho modelo,

> se deberán generar escenarios idóneos para que se asista a las personas con discapacidad, guiándolas y aconsejándolas para que tomen sus decisiones, pero una vez que en el caso concreto se ha determinado que la asistencia es necesaria y la persona con discapacidad ha sido asistida, la voluntad que la misma externe deberá respetarse y acatarse, es decir, en el centro de las decisiones relativas a las personas con discapacidad, se encontrará la voluntad del individuo cuya capacidad ha de limitarse. Tal ayuda en la toma de decisiones no atiende a un modelo único, sino que deberá ser fijada por el juzgador en el caso en concreto, delimitando los alcances de la relación entre el individuo que asistirá en la toma de decisiones y la persona con discapacidad, precisando que las intervenciones en la voluntad de las personas con discapacidad deberán ser lo menos restrictivas posibles, favoreciendo aquellos esquemas que permitan en mayor grado la toma de decisiones y, por tanto, la mayor autotutela posible. Lo anterior no implica que no puedan existir escenarios en los cuales, el juzgador, una vez analizadas las diversidades funcionales de la persona y, por tanto, las discapacidades involucradas en el caso en concreto, determine que la asistencia en la toma de decisiones no es suficiente para asegurar la protección y el bienestar de quien tiene la discapacidad, ante lo cual, deberá nombrarse a alguien que tome las decisiones en lugar de la misma –por ejemplo, ante la presencia de una falta de autonomía mental severa que impida a la persona expresar su voluntad por cualquier medio–. Sin embargo, cabe señalar que tales escenarios son la excepción del esquema asistencial, ante lo cual, estos casos deberán sujetarse a un mayor escrutinio por parte del juzgador.

Como puede verse, ante esa supuesta falta de suficiencia en la asistencia en la toma de decisiones, de la persona con "falta de autonomía mental severa" se pensó que debía nombrarse a "alguien que tome las decisiones en lugar de la misma", siendo esta una consideración inaceptable que vino a derrumbar la pretensión que se tenía sobre el reconocimiento de la capacidad jurídica para las personas con discapacidad.

Es importante dejar en claro que esta tesis fue publicada en el año 2013 y que los primeros criterios aquí reseñados corresponden al año 2015, de modo que resulta evidente que la interpretación judicial del juicio de interdicción ha venido evolucionando por la presión social de organizaciones y grupos sociales o entidades gubernamentales, en aras de garantizar la plena capacidad jurídica de las personas con discapacidad.

Una tesis que también se publicó en 2013 y que no ha sido objeto de semejantes polémicas, es la siguiente:

> ESTADO DE INTERDICCIÓN. DURANTE EL PROCEDIMIENTO RESPECTIVO, EL JUEZ DEBERÁ SOSTENER UNA SERIE DE PLÁTICAS CON LA PERSONA CON DISCAPACIDAD, Y SI ÉSTA ASÍ LO DESEA, PODRÁ ELEGIR A UNA PERSONA DE SU CONFIANZA QUE LE ASISTA EN TALES DILIGENCIAS (INTERPRETACIÓN DEL ARTÍCULO 904 DEL CÓDIGO DE PROCEDIMIENTOS CIVILES PARA EL DISTRITO FEDERAL)[29]
>
> A consideración de esta Primera Sala de la Suprema Corte de Justicia de la Nación, en aras de que el juzgador se allegue de la mayor cantidad de elementos para dictar una resolución en la que se declare a una persona en estado de interdicción, se torna indispensable que permita que la persona con discapacidad externe su opinión sobre el juicio correspondiente. Sin embargo, la participación de tal persona no se deberá limitar a lo anterior, sino que además, es fundamental que el juzgador tenga contacto directo con la misma, esto es, la evaluación directa del juzgador es un elemento clave en las diligencias correspondientes. Lo anterior es así, pues si bien la información que rindan los especialistas es de suma importancia, así como la opinión que emita la persona con discapacidad, lo cierto es que la resolución que en su caso se emita contendrá la valoración discrecional del juzgador de la diversidad funcional y, por tanto, las medidas que estime pertinentes en torno a la autotutela del individuo, ante lo cual, es indispensable que el juzgador tenga un contacto directo con el mismo. Tal interacción entre el juzgador y la persona con discapacidad deberá realizarse bajo una serie de pláticas que sostengan entre sí, en las

> cuales el juzgador abordará distintos temas, a partir de los cuales podrá evaluar de forma directa la diversidad funcional, mediante un lenguaje accesible y una dinámica afable. Por otra parte, y en aras de que a lo largo del procedimiento se protejan los intereses y la voluntad de la persona con discapacidad, previa consulta que el juzgador le realice, se podrá permitir que una persona de su confianza asista a la misma durante el trámite respectivo. Sin embargo, tal asistencia solamente podrá decretarse si así lo desea la persona con discapacidad, y deberá ser en exclusiva alguien que ésta elija, pudiendo ser algún familiar (incluso alguien distinto a sus progenitores o parientes más cercanos), algún individuo con el que cuente con lazos de amistad, e incluso un especialista en derecho, siempre y cuando sea voluntad expresa de la persona con discapacidad. Lo anterior resulta así, pues el juzgador deberá tomar las medidas necesarias para que el procedimiento sea lo menos perturbador posible, pues solamente bajo tal escenario la persona con discapacidad podrá sentirse cómoda para manifestar su voluntad de forma libre.

Ahora vemos que esta tesis busca establecer un acercamiento real del juez hacia la persona con discapacidad, para que ésta última *externe su opinión en el juicio correspondiente* y para lo cual *es fundamental que el juzgador tenga contacto directo* o *evaluación directa* como *elemento clave en las diligencias correspondientes*.

Como podemos apreciar, aunque el juicio de interdicción es parte del Derecho positivo o vigente, ha venido perdiendo fuerza como mecanismo prácticamente destructor de la personalidad jurídica de las personas con discapacidad en general, y de las personas con discapacidad mental o psicosocial en particular.
Esta aseveración se refuerza al contemplar la tesis que prosigue, ya que en ella se explican los dos modelos de regulación de la capacidad jurídica que se conocen hasta la fecha: el *sustitutivo* y el *asistencial*.

MODELO SOCIAL DE DISCAPACIDAD. EL ARTÍCULO 12 DE LA CONVENCIÓN SOBRE LOS DERECHOS DE LAS PERSONAS CON DISCAPACIDAD CONSAGRA EL ESQUEMA DE ASISTENCIA EN LA TOMA DE DECISIONES[30]

A consideración de esta Primera Sala de la Suprema Corte de Justicia de la Nación, las instituciones mediante las cuales se regula la capacidad jurídica de las personas con discapacidad –tales como el estado de interdicción– se han clasificado de forma histórica en dos modelos: el modelo de "sustitución en la toma de decisiones" y el modelo de "asistencia en la toma de decisiones". Por lo que ve al modelo de "sustitución en la toma de decisiones", mediante el mismo, y una vez que el juzgador ha constatado la existencia de la diversidad funcional del individuo respecto del cual versa el asunto, se decreta que la voluntad de éste sea sustituida por la de alguien más, cuya labor consistirá en tomar las decisiones que representen el mejor interés de la persona cuya protección se le ha encomendado. Al respecto, dicho esquema ha sido identificado de forma tradicional con la institución jurídica del tutor, mismo que se encuentra encargado de adoptar decisiones en torno a la esfera personal y patrimonial de su pupilo. Por su parte, el modelo de "asistencia en la toma de decisiones" implica un cambio de paradigma en la forma en que los Estados suelen regular la capacidad jurídica de las personas con discapacidad, pues mediante el mismo, la persona puede ser ayudada para adoptar decisiones, pero es ésta quien en última instancia toma las mismas. Es decir, la libertad de elección se protege y se garantiza por el juzgador acorde al grado de diversidad funcional que posee la persona en cada caso concreto, fomentando así su participación y la asunción de responsabilidades. En tal sentido, el esquema contenido en el artículo 12 de la Convención sobre los Derechos de las Personas con Discapacidad, precisamente consagra el modelo asistencial antes referido, en la medida en que indica que las personas con discapacidad tienen derecho al reconocimiento de su personalidad jurídica, lo cual deberá ser llevado a cabo en igualdad de condiciones que los demás, debiéndose asegurar que se respeten los derechos, la voluntad y preferencias de quien posee la diversidad funcional.

El derecho a la *participación* y a la *asunción de responsabilidades* son dos derechos adicionales que se suman en esta tesis a los anteriormente enarbolados sobre la capacidad jurídica (la *primacía de la autodeterminación libre de la persona*, el desarrollo de la libre personalidad, el *fomento de una vida autónoma* y una *identidad propia*).

Como puede verse, esta tesis invoca al artículo 12 de la Convención sobre los Derechos de las Personas con Discapacidad, ya que este numeral *consagra* el modelo asistencial y con esta clase de interpretación, de alguna manera se *desprecia* al modelo *sustitutivo*, al hablarse del *cambio de paradigma* de la forma en que *los Estados suelen regular la capacidad jurídica de las personas con discapacidad*.

Un ejemplo adicional de la importancia de este artículo 12 para los efectos de la generación de precedentes jurisdiccionales, es la siguiente tesis:

> ESTADO DE INTERDICCIÓN. EL JUEZ PODRÁ SOLICITAR INFORMES ADICIONALES A LOS QUE POR OBLIGACIÓN DEBE PRESENTAR EL TUTOR (INTERPRETACIÓN DEL ARTÍCULO 546 DEL CÓDIGO CIVIL PARA EL DISTRITO FEDERAL)[31]
> Si bien el citado artículo señala que el tutor deberá presentar en el mes de enero de cada año un informe ante el juzgador correspondiente, en el cual tendrá que exhibir un certificado de dos médicos psiquiatras que declaren acerca del estado de la persona sujeta a interdicción, a juicio de esta Primera Sala de la Suprema Corte de Justicia de la Nación, a efecto de que la interpretación de tal numeral sea acorde al modelo social de discapacidad y, en específico, al párrafo cuarto del artículo 12 de la Convención sobre los Derechos de las Personas con Discapacidad, debe considerarse que si bien el tutor tiene la citada obligación de presentación del informe, ello bajo ningún supuesto implica que la valoración del juzgador se encuentre limitada a dicho documento. Es decir, el juez podrá solicitar informes adicionales, pudiendo requerir a los especialistas que estime pertinentes para tal efecto, como médicos, pedagogos, abogados u otros expertos de cualquier campo del conocimiento, o alguna aclaración o

evaluación del informe presentado por el tutor, a efecto de que tenga los elementos suficientes para determinar si el estado de interdicción se conserva en sus términos o sufre alguna modificación. Dicha solicitud de informes también podrá surgir a petición directa de la persona con discapacidad respecto de la cual surgió el asunto en cuestión. De lo contrario, se generaría un escenario perjudicial para la persona con discapacidad, pues la posible determinación del juzgador sobre algún cambio en la diversidad funcional del caso en concreto, se encontraría limitada a la información presentada por el propio tutor, ante lo cual, la evaluación adolecería de independencia e imparcialidad, tal y como lo exige la Convención sobre los Derechos de las Personas con Discapacidad.

Como resalta, la misma persona con discapacidad puede requerir directamente al Juez la solicitud de los informes previstos en el artículo 546 del Código Civil del Distrito Federal y para ello, la Primera Sala de la Suprema Corte de Justicia de la Nación acepta la jerarquía del Tratado aplicable, al expresar: "tal y como lo exige la Convención sobre los Derechos de las Personas con Discapacidad".

La siguiente es una tesis de gran calado para nuestros objetivos metodológicos, ya que permite concluir que el Poder Judicial Federal, a través de la Primera Sala de la Suprema Corte de Justicia de la Nación, ha reconocido que el Código Civil del Distrito Federal no solamente puede, sino que debe ser interpretado al amparo del nuevo modelo social advenido en la Convención sobre los Derechos de las Personas con Discapacidad, ello en lo que versa sobre el "estado de interdicción", que si bien es cierto le convendrán las reformas legales pertinentes, bajo el principio propersona, ya es posible asumir que el modelo asistencial propugnado en dicho Tratado, ha permeado a las figuras del Derecho civil, desde la cúspide del poder que las interpreta y aplica, por mandato de la Constitución.

Veamos pues, un refrendo más de la manera en que la Convención multicitada ha penetrado las pautas interpretativas sobre el estado de interdicción:

ESTADO DE INTERDICCIÓN. LOS ARTÍCULOS 23 Y 450, FRACCIÓN II, DEL CÓDIGO CIVIL PARA EL DISTRITO FEDERAL, SON CONSTITUCIONALES SIEMPRE Y CUANDO SE INTERPRETEN A LA LUZ DEL MODELO SOCIAL DE DISCAPACIDAD[32]

A juicio de esta primera sala de la suprema corte de justicia de la nación, es posible realizar una interpretación conforme a la constitución política de los estados unidos mexicanos y a la convención sobre los derechos de las personas con discapacidad, de la institución del estado de interdicción en el distrito federal, a efecto de que la misma se conciba a partir del modelo social y, en específico, a partir del modelo de "asistencia en la toma de decisiones". por una parte, el código civil para el distrito federal consagra el denominado modelo de "sustitución en la toma de decisiones", mientras que la convención sobre los derechos de las personas con discapacidad, contiene el esquema conocido como "asistencia en la toma de decisiones", mismo que tiene como fundamento el modelo social de discapacidad. sin embargo, dicha interpretación conforme es posible, pues las disposiciones contenidas en el código civil para el distrito federal válidamente pueden armonizarse con los valores contenidos en la convención sobre los derechos de las personas con discapacidad, sin que ello implique un ejercicio exacerbado de tal interpretación, pues si bien la institución del estado de interdicción en el distrito federal fue concebida bajo un modelo de discapacidad que ya ha sido superado –modelo médico o rehabilitador–, ello no constituye un obstáculo infranqueable para que sus disposiciones se adecuen a nuevos esquemas contenidos en tratados internacionales de los cuales nuestro país es parte. estimar lo contrario, implicaría caer en el absurdo de que instituciones jurídicas concebidas bajo ciertos valores, no puedan ser interpretadas bajo nuevos paradigmas constitucionales e internacionales, lo cual conllevaría a la concepción de un sistema jurídico solamente dinámico ante reformas legales, y no frente a interpretaciones jurisdiccionales, lo cual claramente es contrario al principio pro persona que consagra nuestra constitución. por tanto, los artículos 23 y 450, fracción II,del Código Civil para el Distrito Federal, así como el régimen del estado de interdicción que dicha legislación contempla, no resultan inconstitucionales siempre y cuando se interpreten a la luz del modelo social relativo a las personas con discapacidad.

La parte de texto que se resalta en esta tesis (en negritas), constituye el *quid* de nuestro método de documentación, ya que, por un lado, hemos señalado que no basta con el análisis legislativo de ciertas disposiciones del orden jurídico nacional, pues ello reportaría un análisis de tipo estático solamente.

Por ello, hemos reconocido en la voz oficial de los jueces, una especie de norma dinámica, que no modifica el texto de la ley, pero si lo hace con los valores que sustentan su interpretación conforme.

Ello se conoce como *interpretación constante y progresiva*,[33] que en algunos sectores de la doctrina se suele llamar *desarrollo del derecho*, como una tarea prominente dela jueza o el juez, que no puede minimizarse ni ignorarse, so pretexto de la preparación encomiable de nuevos proyectos legislativos.

Ahora bien, sabemos que las tesis anteriormente discutidas ilustran a los juzgadores de menor jerarquía, sin embargo, es preciso aportar un criterio que tenga el carácter de obligatorio para el Poder Judicial, razón por la cual, creemos que la siguiente Jurisprudencia permite recoger el principio de igualdad como un poderoso argumento a favor de la pretensión de inconstitucionalidad del estado de interdicción, ya que la declaración judicial de incapacidad viene a distinguir o a discriminar a las personas con discapacidad respecto a las personas sin discapacidad e incluso, lo que resulta más grave, viene a distinguir entre las mismas personas con discapacidad:

> IGUALDAD. CUANDO UNA LEY CONTENGA UNA DISTINCIÓN BASADA EN UNA CATEGORÍA SOSPECHOSA, EL JUZGADOR DEBE REALIZAR UN ESCRUTINIO ESTRICTO A LA LUZ DE AQUEL PRINCIPIO
>
> La Suprema Corte de Justicia de la Nación ha sostenido que cuando una ley contiene una distinción basada en una categoría sospechosa, es decir,

en alguno de los criterios enunciados en el último párrafo del artículo 1o. constitucional (el origen étnico o nacional, el género, la edad, las discapacidades, la condición social, las condiciones de salud, la religión, las opiniones, las preferencias sexuales, el estado civil o cualquier otra que atente contra la dignidad humana y tenga por objeto anular o menoscabar los derechos y libertades de las personas), el juzgador debe realizar un escrutinio estricto de la medida para examinar su constitucionalidad a la luz del principio de igualdad, puesto que estas distinciones están afectadas de una presunción de inconstitucionalidad. Si bien la Constitución no prohíbe que el legislador utilice categorías sospechosas, el principio de igualdad garantiza que sólo se empleen cuando exista una justificación muy robusta para ello.

Nótese que la justificación para declarar a una persona como *incapaz* no es muy robusta, y que la CDPD afirma la capacidad jurídica plena e ilimitada de las personas con discapacidad, debido a que las personas con discapacidad psicosocial se enfrentaron contra ese prejuicio, en el seno mismo de su discusión y lograron demostrar nuestra capacidad legal como un atributo de la persona y condición misma de la dignidad radicada en la naturaleza humana.[34]

Por lo tanto, si con base en esta Jurisprudencia podemos aseverar que esta distinción está afectada de una *presunción de inconstitucionalidad*, con mayor razón debemos impulsar la reforma que elimine del texto constitucional las voces *incapaces* e *inválidos*.

Hasta aquí hemos dialogado el resultado de documentar a través de la investigación legislativa y jurisprudencial, las expresiones axiomáticas dispuestas en la metodología previamente elegida.

El valor social de esta metodología de investigación es de enormes proporciones, pues se dedica esencialmente a los problemas interpretativos que han surgido con la discapacidad mental o psicosocial en materia de capacidad jurídica, a la luz de la Convención sobre los Derechos de las Personas con Discapacidad.

Esta tarea ha sido ardua, pues implicó la selección de aquéllos criterios provenientes, básicamente, de la Primera Sala de la Suprema Corte, publicados en 2013 y 2015, relegando aquéllos resultados que a pesar de reconocer capacidad jurídica a las personas con *incapacidad mental* no declaradas en estado de interdicción,[35] y con ello abrir la puerta a una especie de abolición lógico-jurídica de la llamada *incapacidad natura*", tratándose de las personas con discapacidad mental, de todos modos se eligió clasificarlas como subsidiarias, dada su menor jerarquía, no obstante que servirían para la apertura de un nuevo e interesante debate en contra del artículo 23 del Código Civil local, al amparo del artículo 12 de la Convención sobre los Derechos de las Personas con Discapacidad.

También fue necesario suprimir precedentes judiciales relacionados con la figura de la *inimputabilidad*, que recae en las instituciones del derecho penal, y que si bien es cierto tienen una fuerte y estrecha relación con las personas con discapacidad mental o psicosocial, también es claro que ya se pueden enlistar ciertos estudios muy completos y minuciosos, generados desde las organizaciones de la sociedad civil, que ya fueron publicados o están en vías de ser presentados, previo a su publicación, de manera que nuestros esfuerzos han sido aplicados sobre aquéllas áreas de oportunidad que hasta el momento han sido desatendidas, pero que gozan de la misma motivación de abonar al campo de los estudios técnicos que benefician o pueden beneficiar a las personas con discapacidad mental o psicosocial.

Así, con el horizonte legislativo y jurisprudencial recorrido podemos entender aún más a Miguel Carbonell acerca de su reclamo de *interpretaciones garantistas*.

De hecho, en la misma tesitura sobre las sentencias como indicadores de la *eficacia normativa garantizada*, Luigi Ferrajoli nos expresa en el tema de la igualdad y los derechos que:

De ello se sigue que las diferentes identidades pueden ser reconocidas y valorizadas en la misma medida en que, partiendo no de la proclamación de su abstracta igualdad, sino del hecho de que pesan en las relaciones sociales como factores de desigualdad en violación de la norma sobre la igualdad, se piensen y elaboren no sólo las formulaciones normativas de los derechos sino también sus garantías de efectividad.[36]

**III. Conclusiones**

Adoptando un sistema ecléctico de recolección de datos ya expuesto en la introducción de este ensayo, se logró el recuento y discusión crítica sobre los ordenamientos jurídicos más relevantes a nivel federal y local de la Ciudad de México, relativos a los derechos de las personas con discapacidad mental o psicosocial, a la luz de la Convención sobre los Derechos de las Personas con Discapacidad, reflejada en dos conceptos que las discriminan en la práctica, a saber, las expresiones *incapaces* e *inválidos.*

Para una mejor visualización de nuestro recorrido normativo, se presenta el siguiente cuadro analítico:

| **Análisis estático** | | | |
|---|---|---|---|
| INSTRUMENTO | ARTÍCULO (S) | HALLAZGO | PROPUESTA |
| Constitución Política de los Estados Unidos Mexicanos | 107 | Contempla la expresión anacrónica *incapaces* | Impulsar reforma en los términos propuestos en el estudio (p. 5) |

| | | | |
|---|---|---|---|
| Constitución Política de los Estados Unidos Mexicanos | Artículo 29 | Contempla al derecho humano a la personalidad jurídica como una categoría de los derechos humanos que no puede restringirse ni suspenderse en los casos de perturbación grave de la paz pública o grave peligro o conflicto bélico | Esgrimir la inconstitucionalidad del estado de interdicción, pues los poderes constituidos, entre ellos, el legislativo, no pueden disponer de un derecho humano que además, no es susceptible de restricción o suspensión, ni siquiera en casos que atenten contra la seguridad nacional y la supervivencia estatal (p. 6) |
| Constitución Política de los Estados Unidos Mexicanos | Artículo 123 | Contempla la expresión anacrónica *invalidez* | Impulsar reforma en los términos propuestos en el estudio (p. 6) |
| Ley General para la Inclusión de las Personas con Discapacidad | Artículo 2°, fracción IV | Al definir a las *ayudas técnicas* no contempló a la discapacidad *mental* | Impulsar adición legislativa que reconozca que este tipo de discapacidad si puede requerir "ayudas técnicas" como la referida en |

| | | | |
|---|---|---|---|
| | | | esta investigación (p. 7) |
| Ley para la Integración al Desarrollo de las Personas con Discapacidad del Distrito Federal | Artículo 4º, fracción XIII | Al definir a las *personas con discapacidad* no contempló a la discapacidad de tipo *mental.* | Impulsar la dictaminación de las iniciativas que ya existen y corrigen esta omisión y progresan en materia de derechos humanos. |
| Ley de Salud Mental del Distrito Federal | Artículo 6º, fracción VI | Contempla la expresión *incapaz.* | Impulsar sustitución del término, con base en las propuestas de la p. 5. |
| Código Civil del Distrito Federal | Artículo 2° | Contempla que la capacidad jurídica es igual para el hombre y la mujer y prohíbe la negación de cualquier derecho por razón de discapacidad o estado de salud, lo que debería dejar sin efectos al artículo 23 que regula la *incapacidad.* | Impulsar la defensa de la cláusula antidiscriminatoria del mismo Código Civil y no solo la crítica al artículo 23 que en términos de las tesis jurisprudenciales ha sido relegado por la vigencia y jerarquía del artículo 12 de la CDPD. |

| | | | |
|---|---|---|---|
| Código Penal del Distrito Federal | Artículos 42 y 326 | Prevén la figura de *incapacidad.* | Impulsar las reformas constitucionales y civiles que permitan a la legislación penal recoger una concepción renovada de esta institución jurídica. |
| Ley para Prevenir y Erradicar la Discriminación en el Distrito Federal | Artículo 31, fracción IX | Prevé la *salud mental* con un alcance médico-asistencial | Impulsar la expresión *discapacidad psicosocial,* en lugar de *paciente psiquiátrico* o *enfermo mental.* |

De forma selectiva, también se expuso el texto más rico que se pudo extraer de los criterios sostenidos por el Poder Judicial de la Federación, ya sea en su vertiente de *ratio decidendi*[37] u *óbiter dicta*[38] de cada tesis ubicada en el sistema IUSde la Suprema Corte de Justicia de la Nación.

El siguiente cuadro sistematiza nuestras conclusiones técnicas respecto a cada precedente jurisdiccional:

| **Análisis dinámico** | | | |
|---|---|---|---|
| TESIS AISLADA O TESIS DE JURISPRUDENCIA | TEMAS TRANSVERSALES | OBSERVACIONES (*óbiter dict* y/o *ratio decidendi*) | PROPUESTA |
| ADOPCIÓN. CRITERIOS PARA EVALUAR EL CONSENTIMIENTO | *Modelo social de asistencia en la toma de | Permite robustecer la defensa de la | Sistematizar estos argumentos y |

| | | | |
|---|---|---|---|
| DE LOS PADRES CUANDO ÉSTOS SEAN PERSONAS CON DISCAPACIDAD (P. 11) | decisiones *Libre elección de las PcD *Libre autodeterminación *Autonomía de la voluntad de las PcD *La voluntad de las PcD surte efectos jurídicos | capacidad jurídica "en todos los aspectos de la vida" | esgrimirlos en la arena legislativa y judicial |
| PERSONAS CON DISCAPACIDAD. EL MODELO SOCIAL DE ASISTENCIA EN LA TOMA DE DECISIONES ENTRAÑA EL PLENO RESPETO A SUS DERECHOS, VOLUNTAD Y PREFERENCIAS (P. 12) | *Igual reconocimiento de las PcD ante la Ley *Ejercicio pleno de la capacidad jurídica *Asistencia a las PcD para adoptar decisiones *No restricción de la adopción de decisiones legales por sí mismas | Permite robustecer la defensa de la capacidad jurídica "en todos los aspectos de la vida" | Sistematizar estos argumentos y esgrimirlos en la arena legislativa y judicial |
| PERSONAS CON DISCAPACIDAD. APLICACIÓN DEL PRINCIPIO DE MEJOR INTERPRETACIÓN POSIBLE DE SU VOLUNTAD Y SUS PREFERENCIAS (INTERPRETACIÓN DE LOS ARTÍCULOS 1 Y 12 DE LA CONVENCIÓN AMERICANA SOBRE DERECHOS HUMANOS) (P. 12) | *La mejor interpretación posible de la voluntad y preferencias de las PcD *Respetar los mecanismos para que esa manifestación no sufra detrimento o sea sustituida | Permite robustecer la defensa de la capacidad jurídica "en todos los aspectos de la vida" | Sistematizar estos argumentos y esgrimirlos en la arena legislativa y judicial |
| PERSONAS CON DISCAPACIDAD. PARA EVITAR QUE SUS TUTORES EJERZAN UNA INFLUENCIA INDEBIDA AL PRESTAR ASISTENCIA EN LA TOMA DE DECISIONES, ES NECESARIO QUE LAS SALVAGUARDIAS INCLUYAN TAMBIÉN LA PROTECCIÓN CONTRA AQUÉLLOS (P. 13) | *Salvaguardias adecuadas y efectivas para impedir la influencia indebida hacia las PcD *Capacidad jurídica de las PcD *Respeto a la voluntad y preferencias de las PcD *Sustitución de la | Permite robustecer la defensa de la capacidad jurídica "en todos los aspectos de la vida". | Sistematizar estos argumentos y esgrimirlos en la arena legislativa y judicial |

| | | | |
|---|---|---|---|
| | voluntad inadmisible<br>*Negación de modelo alguno basado en la sabiduría | | |
| ESTADO DE INTERDICCIÓN. ACORDE AL MODELO DE ASISTENCIA EN LA TOMA DE DECISIONES, LA PERSONA CON DISCAPACIDAD EXTERNARÁ SU VOLUNTAD, MISMA QUE SERÁ RESPETADA Y ACATADA<br>(P. 14) | *Limitación de la capacidad jurídica<br>*Convención sobre los Derechos de las Personas con Discapacidad<br>*Esquema de sustitución en la toma de decisiones no adecuado<br>*No se puede prohibir a las PcD que decidan lo que les beneficia<br>*Desarrollo libre de la personalidad<br>*Fomento de una vida autónoma<br>Identidad propia de las PcD<br>*No restricción de la capacidad jurídica<br>*Derecho a tomar las propias decisiones<br>*Libertad de elección guiadas y aconsejadas<br>*Favorecimiento de esquemas que permitan en mayor grado la toma de decisiones<br>La mayor autotutela posible<br>*Deberá nombrarse a alguien que tome las | Se trata de una tesis contradictoria, pues reconoce expresamente al modelo propuesto por la CDPD pero culmina declarando que ante la presencia de una "falta de autonomía mental severa" se deberá nombrar a una persona que sustituya a la PcD, lo que redunda en una negación de lo dispuesto en el artículo 12. | Tener en cuenta que la presión social e interinstitucional encausó las tesis subsecuentes en el tiempo, de modo que ya no se volvió a respaldar al modelo sustitutivo |

| | | | |
|---|---|---|---|
| | decisiones en lugar de las PcD ante la presencia de una falta de autonomía mental severa | | |
| ESTADO DE INTERDICCIÓN. DURANTE EL PROCEDIMIENTO RESPECTIVO, EL JUEZ DEBERÁ SOSTENER UNA SERIE DE PLÁTICAS CON LA PERSONA CON DISCAPACIDAD, Y SI ÉSTA ASÍ LO DESEA, PODRÁ ELEGIR A UNA PERSONA DE SU CONFIANZA QUE LE ASISTA EN TALES DILIGENCIAS (INTERPRETACIÓN DEL ARTÍCULO 904 DEL CÓDIGO DE PROCEDIMIENTOS CIVILES PARA EL DISTRITO FEDERAL (P. 15) | *La PcD debe externar su opinión sobre el juicio de interdicción<br>*El juez debe tener contacto directo con las PcD sujetas al juicio<br>*Debe darse una evaluación directa bajo una serie de pláticas con lenguaje accesible y una dinámica afable<br>*Un procedimiento lo menos perturbador posible<br>*Manifestación cómoda y libre de la voluntad de la PcD | Permite robustecer la defensa de la capacidad jurídica "en todos los aspectos de la vida" | Sistematizar estos argumentos y esgrimirlos en la arena legislativa y judicial |
| MODELO SOCIAL DE DISCAPACIDAD. EL ARTÍCULO 12 DE LA CONVENCIÓN SOBRE LOS DERECHOS DE LAS PERSONAS CON DISCAPACIDAD CONSAGRA EL ESQUEMA DE ASISTENCIA EN LA TOMA DE DECISIONES (P. 16) | *Convención sobre los Derechos de las Personas con Discapacidad<br>*Artículo 12<br>*Modelo de sustitución en la toma de decisiones<br>*Modelo de asistencia en la toma de decisiones<br>*Cambio de paradigma<br>*La PcD es quien en última instancia toma | Permite robustecer la defensa de la capacidad jurídica "en todos los aspectos de la vida" | Sistematizar estos argumentos y esgrimirlos en la arena legislativa y judicial |

| | | | |
|---|---|---|---|
| | las decisiones<br>*Fomento de la participación y la asunción de responsabilidades | | |
| ESTADO DE INTERDICCIÓN. EL JUEZ PODRÁ SOLICITAR INFORMES ADICIONALES A LOS QUE POR OBLIGACIÓN DEBE PRESENTAR EL TUTOR (INTERPRETACIÓN DEL ARTÍCULO 546 DEL CÓDIGO CIVIL PARA EL DISTRITO FEDERAL<br>(P. 17) | *Modelo social de discapacidad<br>*Artículo 12 de la CDPD<br>*Información presentada por el tutor<br>*Información solicitada por el Juez<br>*Información solicitada por la PcD | Permite robustecer la defensa de la capacidad jurídica "en todos los aspectos de la vida" | Sistematizar estos argumentos y esgrimirlos en la arena legislativa y judicial |
| ESTADO DE INTERDICCIÓN. LOS ARTÍCULOS 23 Y 450, FRACCIÓN II, DEL CÓDIGO CIVIL PARA EL DISTRITO FEDERAL, SON CONSTITUCIONALES SIEMPRE Y CUANDO SE INTERPRETEN A LA LUZ DEL MODELO SOCIAL DE DISCAPACIDAD<br>(P. 18) | *Interpretación conforme a la CPEUM y la CDPD<br>*Modelo sustitutivo en el Código Civil para el Distrito Federal<br>*Modelo asistencial en la CDPD<br>*Modelo del Código ya superado<br>*Sistema jurídico dinámico frente a interpretaciones jurisdiccionales y no solamente frente a reformas legales<br>*Interpretación a la luz del modelo social relativo a las PcD | Permite robustecer la importancia de la CDPD, pero no apoya la necesidad de reformar el artículo 23 del Código Civil y demás relacionados. | Sistematizar estos argumentos y esgrimirlos en la arena legislativa y judicial |
| IGUALDAD. CUANDO UNA LEY CONTENGA UNA DISTINCIÓN BASADA EN UNA CATEGORÍA | *Las discapacidades<br>*Principio de igualdad | La SCJN no tomó en cuenta su propia | Sistematizar estos argumentos y |

| | | | |
|---|---|---|---|
| SOSPECHOSA, EL JUZGADOR DEBE REALIZAR UN ESCRUTINIO ESTRICTO A LA LUZ DE AQUEL PRINCIPIO (P. 19) | *Presunción de inconstitucionalidad | jurisprudencia para valorar la tesis anterior | esgrimirlos en la arena legislativa y judicial |

Finalmente, no queremos pasar por alto lo señalado en el Manual para Parlamentarios sobre la Convención sobre los Derechos de las Personas con Discapacidad (ONU, OACNUDH, UPI),en que puede leerse lo siguiente: "El manual tiene por objeto ayudar a los parlamentarios y otras personas interesadas en su empeño de convertir en realidad la Convención".[39]

Y claro, las personas más interesadas en ello son, con toda legitimidad, las personas con discapacidad, por ello, es nuestro deseo que esta investigación haya logrado el recto propósito de vislumbrar aportaciones relevantes[40] para la única discapacidad que lucha contra el temor y el odio social fomentado por el amarillismo y/o la nota roja, además, de la segregación cultural[41] y la discriminación institucional.[42]

## IV. Bibliografía

Ley de Salud Mental del Distrito Federal, 23 de febrero de 2011, http://www.aldf.gob.mx/archivo-2b00f46641b3fa38c97453e24b3f8468.pdf

Ley General para la Inclusión de las Personas con Discapacidad, 30 de mayo de 2011, http://dof.gob.mx/nota_detalle.php?codigo=5191516&fecha=30/05/2011

Ley para la Integración al Desarrollo de las Personas con Discapacidad del Distrito Federal, 10 de septiembre de 2010, http://www.aldf.gob.mx/archivo-719689e362d7d579572eb5c706667e23.pdf

Ley para Prevenir y Erradicar la Discriminación en el Distrito Federal, 24 de febrero de 2011, http://www.aldf.gob.mx/archivo-56a430f601bb8856a2980af9738e8336.pdf

Ferrajoli, Luigi. *Igualdad y diferencia de género*. México: Conapred, 2008, 87. http://www.conapred.org.mx/documentos_cedoc/Igualdad%20y%20diferencia%20de%20genero_WEB.pdf

______ "El Papel de la Función Judicial en el Estado de Derecho". *Justicia Electoral,* núm. 18 (2003), http://historico.juridicas.unam.mx/publica/librev/rev/juselec/cont/18/drl/drl3.pdf

Décima Época, Registro: 160870, Instancia: Tribunales Colegiados de Circuito, Tipo de Tesis: Jurisprudencia, Fuente: *Semanario Judicial de la Federación y su Gaceta*, libro I, octubre de 2011, t. 3, Materia(s): Civil, Tesis: I.5o.C. J/30 (9a.): 1528.

Décima Época, Registro: 2005118, Instancia: Primera Sala, Tipo de Tesis: Aislada, Fuente: *Gaceta del Semanario Judicial de la Federación*, libro 1, diciembre de 2013, t. I, Materia(s): Constitucional, Civil, Tesis: 1a. CCCLII/2013 (10a.): 514.

Décima Época, Registro: 2005121, Instancia: Primera Sala, Tipo de Tesis: Aislada, Fuente: *Gaceta del Semanario Judicial de la Federación*, libro 1, diciembre de 2013, t.I, Materia(s): Civil, Tesis: 1a. CCCL/2013 (10a.): 517.

Décima Época, Registro: 2005123, Instancia: Primera Sala, Tipo de Tesis: Aislada, Fuente: *Gaceta del Semanario Judicial de la Federación*, libro 1, diciembre de 2013, t. I, Materia(s): Civil, Tesis: 1a. CCCXLVI/2013 (10a.): 520.

Décima Época, Registro: 2005127, Instancia: Primera Sala, Tipo de Tesis: Aislada, Fuente: *Gaceta del Semanario Judicial de la Federación*, libro 1, diciembre de 2013, t. I, Materia(s): Constitucional, Civil, Tesis: 1a. CCCXLII/2013 (10a.): 523.

Décima Época, Registro: 2005136, Instancia: Primera Sala, Tipo de Tesis: Aislada, Fuente: *Gaceta del Semanario Judicial de la Federación*, libro 1, diciembre de 2013, t. I, Materia(s): Constitucional, Civil, Tesis: 1a. CCCXLI/2013 (10a.): 531.

Décima Época, Registro: 2005401, Instancia: Primera Sala, Tipo de Tesis: Aislada, Fuente: *Gaceta del Semanario Judicial de la Federación*, libro 2, enero de 2014, t. II, Materia(s): Constitucional, Tesis: 1a. IV/2014 (10a.): 1112.

Décima Época, Registro: 2008714, Instancia: Primera Sala, Tipo de Tesis: Aislada, Fuente: *Gaceta del Semanario Judicial de la Federación*, libro 16, marzo de 2015, t.II, Materia(s): Constitucional, Tesis: 1a. CXIV/2015 (10a.): 1102.

Décima Época, Registro: 2008715, Instancia: Primera Sala, Tipo de Tesis: Aislada, Fuente: *Gaceta del Semanario Judicial de la Federación*, libro 16, marzo de 2015, t.II, Materia(s): Constitucional, Tesis: 1a. CXVI/2015 (10a.): 1103.

Décima Época, Registro: 2008935, Instancia: Primera Sala, Tipo de Tesis: Jurisprudencia Fuente: *Gaceta del Semanario Judicial de la Federación*, Libro 17, abril de 2015, t. I, Materia(s): Constitucional, Tesis: 1a./J. 29/2015 (10a.): 240.

Décima Época, Registro: 2010723, Instancia: Primera Sala, Tipo de Tesis: Aislada, Fuente: *Gaceta del Semanario Judicial de la Federación*, libro 26, enero de 2016, T.II, Materia(s): Constitucional, Civil, Tesis: 1a. VII/2016 (10a.), 959.

DIVORCIO. CLASIFICACIÓN DE LAS CAUSAS QUE LO ORIGINAN, EN RELACIÓN CON EL DERECHO A RECIBIR ALIMENTOS (LEGISLACIÓN DEL ESTADO DE YUCATÁN). Época: Novena Época, Registro: 165039, Instancia: Tribunales Colegiados de Circuito, Tipo de Tesis: Aislada, Fuente: *Semanario Judicial de la Federación y su Gaceta*, t.XXXI, marzo de 2010, Materia(s): Civil, Tesis: XIV.C.A.32 C, 2974.

Lojo, Mariana. "Cuando la voluntad se enferma". *Dfensor*, núm. 11, (noviembre 2010): 20, http://cdhdfbeta.cdhdf.org.mx/wp-content/uploads/2014/05/dfensor_11_2010.pdf

Minoletti, Alberto, Juan Carlos Cea, Bárbara Gaete, Mauricio Gómez, Pablo Monares, Marcela Sandoval y Bárbara Soto. *Derechos Humanos de las Personas con Discapacidad Mental: Diagnóstico de la Situación en Chile*. Santiago de Chile: Facultad de Medicina de la Facultad de Chile y Organización Panamericana de la Salud, 2016, http://www.observatoriodiscapacidadmental.cl/wp-content/uploads/2014/05/informe-ODDHHPDM-final.pdf

Organización de las Naciones Unidas, Oficina del Alto Comisionado de las Naciones Unidas para los Derechos Humanos y Unión Parlamentaria Internacional. *De la exclusión a la Igualdad: Hacia el Pleno Ejercicio de los Derechos de las Personas con Discapacidad.* Suiza: SRO Kunding, 2007, 162.

Pleno de la SCJN, Novena Época, Registro: 170783, Tipo de Tesis: Jurisprudencia, Fuente: *Semanario Judicial de la Federación y su Gaceta*, t. XXVI, diciembre de 2007, Materia(s): Constitucional, Tesis: P./J. 83/2007, Página: 984.

Suprema Corte de Justicia de la Nación, *Modelo social de Discapacidad: Directrices para la Interpretación del Estado de Interdicción en el Distrito Federal*, Decisiones Relevantes de la SCJN, 2014, 192.

---

[1] Suprema Corte de Justicia de la Nación, Pleno, tesis de jurisprudencia P./J. 83/2007 en materia constitucional, *Semanario Judicial de la Federación y su Gaceta*, novena época, t.XXVI, diciembre de 2007, 984.

[2] Esta clase de demostración de los hechos no se confunde con los *signum veritatis*, que en la criteriología jurídica se les distingue por ser la última de las señaladas, una mera descripción de ciertos signos de la realidad (o la verdad empírica), pero sin llegar a la contundencia que tiene el *argumentum facti*, que es un proceso de elevación de esos signos, al nivel de realidad jurídica y por ende, digna de una consideración de verdad legal que no tienen los resultados de *las encuestas*, los *focus groups* o los *estudios de caso*.

[3] Esta es la denominación que recibe el artículo 12 de la Convención sobre los Derechos de las Personas con Discapacidad, que regula el derecho a la capacidad jurídica de las personas con discapacidad.

[4] Miguel Carbonell, *Instrumentos jurídicos internacionales en materia de no discriminación* (México: Conapred, 2006), 16.

[5] Ibíd.

[6] Ibíd.

[7] El autor mencionado publicó el "Manual para la Investigación Jurisprudencial", http://www.sitios.scjn.gob.mx/instituto/sites/default/files/documentos/manual-jurisprudencial.pdf (fecha de consulta: 1 de septiembre de 2016).

[8] Estos conceptos son: *incapaces* e *inválidos*, que se proyectan para su estudio más allá del aspecto semántico a las instituciones jurídicas de la *incapacidad*, ya legal, ya natural, y del seguro de *invalidez*, propios del derecho civil, laboral y de seguridad social.

[9] Esta primera expresión se refiere a las argumentaciones que el juzgador esgrime como premisas indirectas para arribar a una conclusión en la lógica deóntica, que de algún modo se pueden llamar *secundarias* o *perimetrales*, pero no *insubstanciales*.

[10] Esta segunda expresión alude a las razones que el juez tuvo directa e inmediatamente para llegar a un resultado demostrativo, dentro de las operaciones lógicas de una sentencia. Son las premisas *mayor y menor* del silogismo clásico.

[11] Con suma preocupación nos hemos percatado dentro del proceso de investigación propio de este artículo, que la discapacidad mental sigue siendo confundida o incluso fusionada con la discapacidad intelectual, a veces por especialistas. Para probar esta afirmación, consúltese el siguiente texto: "Hemos observado en nuestros trabajos diarios y en nuestras propias vidas personales las diversas situaciones y contextos en que las personas con discapacidad mental (discapacidad intelectual o discapacidad psíquica) son frecuentemente estigmatizadas, discriminadas y marginadas de la sociedad chilena". *Véase* Alberto Minoletti *et al.,Derechos humanos de las personas con discapacidad mental: Diagnóstico de la situación en Chile* (Santiago de Chile: Facultad de Medicina de la Facultad de Chile y Organización Panamericana de la Salud, 2016), http://www.observatoriodiscapacidadmental.cl/wp-content/uploads/2014/05/informe-ODDHHPDM-final.pdf.

[12] Derechos humanos reconocidos tanto por la Constitución Política de los Estados Unidos Mexicanos, como en los tratados internacionales. Para determinar su contenido y alcance debe acudirse a ambas fuentes, favoreciendo a las personas la protección más amplia.

Acorde con lo sostenido por el Tribunal en Pleno de la Suprema Corte de Justicia de la Nación, en la tesis de jurisprudencia P./J. 20/2014 (10a.),* las normas de derechos humanos contenidas en los tratados internacionales y en la Constitución Política de los Estados Unidos Mexicanos no se relacionan entre sí en términos jerárquicos, ya que se integran al catálogo de derechos que funciona como un parámetro de regularidad constitucional. Por lo tanto, cuando un derecho humano esté reconocido tanto en la Constitución federal, como en los tratados internacionales, “debe acudirsea ambas fuentes para determinar su contenido y alcance, favoreciendo en todo tiempo a las personas la protección más amplia;*en el entendido de que* cuando exista en la Constitución una restricción expresa al ejercicio de un derecho humano, se deberá estar a lo que indica la norma constitucional”. *Véase*SCJN, Primera Sala, tesis de jurisprudencia 1a./J. 29/2015 en materia constitucional, *Gaceta del Semanario Judicial de la Federación*, décima época, libro 17, t. I,abril de 2015, 240.

[13] Es pertinente reconocer que a las personas con discapacidad intelectual se les tiene en una situación similar (no idéntica) de discriminación que a las personas con discapacidad mental o psicosocial. Este ensayo busca, de hecho, sentar las bases para marcar esas sensibles diferencias.

[14] *Véase* que no es lo mismo retirar el concepto de los *usos lingüísticos* que retirar el mismo concepto de los dictámenes médico-legales.

[15] Dada la naturaleza del método de documentación elegido en esta investigación, es pertinente indicar que la expresión *psicosocial* está limitada hasta la fecha, en la arena jurisprudencial, a los casos ventilados sobre *sexo psicosocial* dentro del derecho a la reasignación sexo-genérica. Por lo tanto, la expresión es válida entre especialistas del sector de la discapacidad, aún y cuando no se recogió el término aludido en el proyecto de Constitución de la Ciudad de México que envió el Jefe de Gobierno a los diputados constituyentes.

[16] Esta ley enumera las deficiencias parciales o totales en sus facultades *físicas, intelectuales o sensoriales*. Por lo que la discapacidad mental quedó fuera de sus contemplaciones expresas.

[17] *Véase* nota núm. 280.

[18] La redacción con lenguaje inclusivo o no sexista no corresponde al Código Civil vigente.

[19] SCJN, Primera Sala, tesis aislada, “Discapacidad. Su análisis jurídico a la luz del modelo social consagrado en la convención sobre los derechos de las personas con discapacidad”, *Semanario Judicial de la Federación y su Gaceta*, décima época, libroXVI, t. 1, enero de 2013, 634.

[20] Nos dice un Tribunal Colegiado en Materia Civil que: “porque no puede decirse que la enfermedad o *locura* sean imputables al cónyuge que *desgraciadamente la padezca*”. Con esta clase de léxico, nos podemos dar cuenta de que el Poder Judicial todavía puede trabajar bastante en el uso de un lenguaje desprovisto de expresiones lastimeras o dolientes que lejos de conferir aprecio, refuerzan las visiones despreciativas o fatalistas. *Véase* Tribunales Colegiados de Circuito, tesis aislada XIV.C.A.32 C en materia civil, “Divorcio. Clasificación de las causas que lo originan, en relación con el derecho a recibir alimentos (legislación del estado de Yucatán), *Semanario Judicial de la Federación y su Gaceta*, novena época, t. XXXI,marzo de 2010, 2974.

[21] Es importante indicar que aún y cuando se pueda llegar a tratar de casos que se hicieron públicos por su relevancia social en la arena de la discapacidad, no se expondrán los nombres de sus principales actores, siguiendo el mismo criterio de protección de datos personales que la SCJN adoptó en: Suprema Corte de Justicia de la Nación, *Modelo social de Discapacidad: Directrices para la interpretación del estado de interdicción en el Distrito Federal*, Decisiones Relevantes de la SCJN,2014, 192.

[22]SCJN, Primera Sala, tesis aislada 1a. VII/2016 (10a.) en materia constitucional, *Gaceta del Semanario Judicial de la Federación*, décima época, libro 26, t. II, enero de 2016, 959.

[23] "El progreso del estado de derecho es entonces simultáneo y paralelo al desarrollo del papel de la jurisdicción. Por lo tanto, este desarrollo es un fenómeno común en todas las democracias avanzadas". *Véase* Luigi Ferrajoli, "El papel de la función judicial en el Estado de derecho", *Justicia Electoral,* núm. 18, (2003), http://historico.juridicas.unam.mx/publica/librev/rev/juselec/cont/18/drl/drl3.pdf.

[2424]SCJN, Primera Sala, tesis aislada 1a. CXIV/2015 (10a.) en materia constitucional, *Gaceta del Semanario Judicial de la Federación*, décima época, libro 16, t. II, marzo de 2015, 1102.

[25]SCJN, Primera Sala, tesis aislada 1a. CXV/2015 (10a.) en materia constitucional, *Gaceta del Semanario Judicial de la Federación*, décima época, libro 16, t.II, marzo de 2015, 1102.

[26] Dice Mariana Lojo: "Para fines de este ensayo aceptaremos que el cerebro se enferma y que cuando esto pasa la persona "enloquece" y se ve impedida para ejercer su voluntad...". (*sic*) *Véase* Mariana Lojo, "Cuando la voluntad se enferma", *Dfensor*, núm. 11 (noviembre 2010): 20, http://cdhdfbeta.cdhdf.org.mx/wp-content/uploads/2014/05/dfensor_11_2010.pdf.

[27]SCJN,Primera Sala, tesis aislada 1a. CXVI/2015 (10a.) en materia constitucional, *Gaceta del Semanario Judicial de la Federación*, décima época, libro 16, t. II, marzo de 2015: 1103.

[28]SCJN,Primera Sala, tesis aislada 1a. CCCLII/2013 (10a.) en materia constitucional, civil, *Gaceta del Semanario Judicial de la Federación*, décima época, libro 1, t.I,diciembre de 2013: 514.

[29]SCJN, Primera Sala, tesis aislada 1a. CCCL/2013 (10a.) en materia civil, *Gaceta del Semanario Judicial de la Federación*, décima época, libro 1, t. I, diciembre de 2013: 517.

[30]SCJN, Primera Sala, tesis aislada 1a. CCCXLI/2013 (10a.) en materia constitucional, civil, *Gaceta del Semanario Judicial de la Federación*, décima época, libro 1, t.I, diciembre de 2013: 531.

[31]SCJN, Primera Sala, tesis aislada 1a. CCCXLVI/2013 (10a.) en materia civil, *Gaceta del Semanario Judicial de la Federación*, décima época, libro 1, t. I, diciembre de 2013: 520.

[32]SCJN,Primera Sala, tesis aislada 1a. CCCXLII/2013 (10a.) en materia constitucional, civil, *Gaceta del Semanario Judicial de la Federación*, décima época, libro 1, t.I, diciembre de 2013: 523.

[33]SCJN,Primera Sala, tesis aislada 1a. IV/2014 (10a.) en materia constitucional, civil, *Gaceta del Semanario Judicial de la Federación*, décima época, libro 2, t. II, enero de 2014, 1112.

[34] La dignidad humana es definida en una tesis del Poder Judicial de la Federación como: "el origen, la esencia y el fin de todos los derechos humanos". *Véase* Tribunales Colegiados de Circuito, tesis de jurisprudencia I.5o.C. J/30 (9a.) en materia civil, *Semanario Judicial de la Federación y su Gaceta*, décima época, libroI, t. 3, enero de 2014, octubre de 2011: 1528.

[35] Excepción de falta de personalidad del apoderado. Para que opere cuando se opone por la incapacidad mental del actor, debe probarse fehacientemente su estado de interdicción a la fecha de otorgamiento del poder.

Tratándose de la capacidad jurídica se distingue entre la de goce y la de ejercicio; la primera es la cualidad de ser sujeto de derechos y obligaciones y, por consiguiente, es inherente e inseparable a toda persona; y la segunda consiste en la posibilidad de efectuar manifestaciones de voluntad jurídicamente eficaces que pueden realizarse por sí o a través de otra persona; dicha capacidad de obrar tiene casos de excepción específicos, como son: 1. La interdicción, que consiste en una incapacidad legalmente declarada que restringe la personalidad jurídica (artículo 23 del Código Civil del Distrito Federal); 2. La minoría de edad, cuando no se han cumplido los dieciocho años; y, 3. La falta de personalidad del apoderado que a nombre del actor comparece y no acredita la representación con que se ostenta. Estos casos de excepción constituyen un impedimento para efectuar actos jurídicos; por tanto, si en un juicio se opone la excepción de falta de personalidad de un apoderado debido a la *incapacidad mental del actor*, los objetantes deben demostrar en forma fehaciente que el reclamante se encontraba en estado de interdicción, mediante resolución judicial pronunciada por Juez competente que hubiera causado ejecutoria, ya que la sentencia que declara la interdicción es declarativa y constitutiva, en tanto que, aparte de que proclama el estado de incapacidad, crea una relación jurídica y da nacimiento a un nuevo estado, motivo por el que precisamente, por su carácter de constitutiva, como generalmente sucede con este tipo de fallos, sus efectos empiezan cuando ha alcanzado la autoridad de cosa juzgada. Por ende, si se impugna la personalidad de quien comparece a nombre del actor argumentando que éste es incapaz, debe demostrarse que la persona cuya capacidad jurídica se cuestiona delegó poderes a diversos profesionistas cuando se había declarado su estado de interdicción; de no ser así, es incuestionable que no existirán elementos para invalidar por esa causa el derecho reclamado, *toda vez que si no existe tal declaración, el actor se encuentra en aptitud de ejercer por sí o a través de apoderados los derechos y obligaciones de los que es titular.*

[36] Luigi Ferrajoli, *Igualdad y diferencia de género* (México: Conapred, 2008, 11), 87.

[37] Como dijimos, esta expresión se refiere a las argumentaciones que el juzgador esgrime como premisas indirectas para arribar a una conclusión en la lógica deóntica, que de algún modo se pueden llamar *secundarias* o *perimetrales*, pero no *insubstanciales*.

[38] Se hubo referido que esta segunda expresión alude a las razones que el juez tuvo directa e inmediatamente para llegar a un resultado demostrativo, dentro de las operaciones lógicas de una sentencia. Son las premisas *mayor y menor* del silogismo clásico.

[39] Organización de las Naciones Unidas *et al.*, *De la exclusión a la igualdad: Hacia el pleno ejercicio de los derechos de las personas con discapacidad* (Ginebra: SRO Kunding, 2007), 162. Esta publicación especial tiene una portada adaptada con el título Manual para Legisladores, firmada por Myriam Arabian Couttolenc, entonces secretaria técnica del Conadis.

[40] En este artículo podemos afirmar que nuestra aportación personal es novedosa o cuando menos, original, pues incluso connotados constitucionalistas como el Miguel Carbonell, que han abordado de manera enérgica el tema de la *capacidad jurídica*, lo han hecho partiendo de la legislación civil y no precisamente de los preceptos constitucionales que contemplan a *los incapaces* o a *la invalidez*. http://www.miguelcarbonell.com/docencia/Estudio_Informativo_sobre_la_capacidad_jur_dica_de_las_personas_con_discapacidad_y_los_mecanismos_de_toma_de_decisiones_con_apoyo.shtml.

[41] Las personas con discapacidad psicosocial nos podemos percatar que la tendencia cultural predominante es la de *apartar* a quienes puedan ser señalados en forma discriminatoria como los "locos", ya que la imagen estereotipada de una persona con *demencia* que debe estar sujetada de manos y pies o encadenada o con camisa de fuerza o recluida en una clínica psiquiátrica o *manicomio* es privativa de la discapacidad mental, ya que ninguna otra de las demás discapacidades conlleva el prejuicio de una supuesta violencia incontenible o irrefrenable.

[42] Es grave el hecho de que las personas con discapacidad mental suelen ser discriminadas en forma estructural y con mucha frecuencia por el mismo personal del nosocomio al que acuden solicitando ayuda, empezando por el personal del área de la psiquiatría y de enfermería que llegan a desconocer sus derechos humanos. Del mismo modo, resulta inaceptable que los medios de comunicación sigan reproduciendo en la nota roja, la concepción del *enfermo mental* como *sociópata* en potencia, bajo el principio de peligrosidad social, tan arraigado en materia penal o en la producción cinematográfica.

# Índice

Kolibri 360 GmbH
Ferdinand-Jühlke-Straße 7
99095 Erfurt, Deutschland
produktsicherheit@kolibri360.de

Druck:
CPI Druckdienstleistungen GmbH
im Auftrag der
Kolibri 360 GmbH
Ferdinand-Jühlke-Str. 7
99095 Erfurt